I Love You Daughter Because

I Love Your

_____

YOU INSPIRE ME TO

_____

I'M HUMBLED BY YOUR

_____

I LOVE HOW YOU ALWAYS

_____

I LOVE HOW YOU NEVER

_____

I LOVE REMEMBERING THE TIME WE WENT

_____

_____

If I had to describe you in one word it'd be

_____

You have the prettiest

_____

I love that you taught me

_____

I HAVE TO ADMIT YOU'RE ALWAYS RIGHT ABOUT

_____

I LOVE THAT YOU LOVE MY

_____

I ADMIRE YOUR DEDICATION TO

_____

I LOVE YOUR TASTE IN

_____

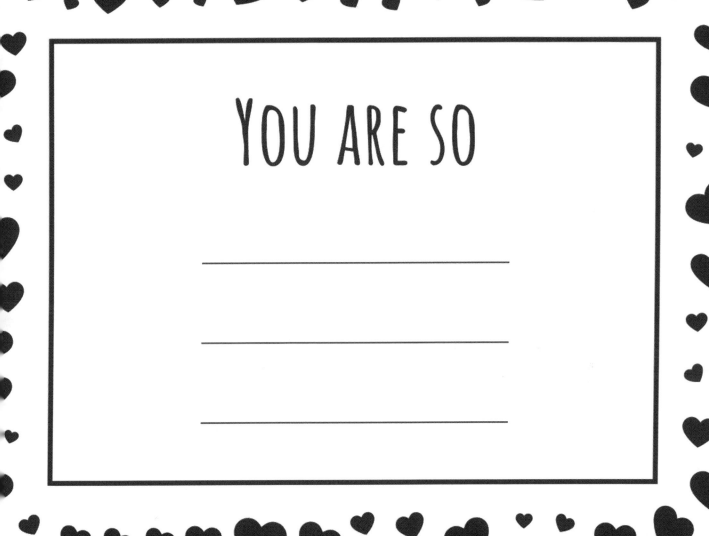

You are so

I'D LOVE IT IF WE COULD

_____

I LOVE IT WHEN YOU CALL ME

_____

I LOVE HEARING STORIES ABOUT YOUR

_____

I NEVER GET TIRED OF YOUR

_____

THANK YOU FOR

_____

It makes me smile when you

_____

Made in United States
Orlando, FL
06 December 2024

55079913R00024